SE ME ACABA EL TIEMPO...

¿¿¿DE VERDAD CREES QUE ESO ES POSIBLE???

*Para ti...
Con todo mi Amor...*

Copyright © 2016 by Soul T Alma

ISBN: 978-0-9969667-5-7

Otras Creaciones

Libros

- **Energías En Mi Cuerpo... ¡¡¡Las Bendiciones Más Grandes De Mi Vida!!!** (Amazon.com)
- **Energies In My Body... The Greatest Blessings Of My Life!!!** (Amazon.com)
- **THOUGHTS...** (Amazon.com)
- **More THOUGHTS...** (Amazon.com)
- **Running Out Of Time... Is That Even Possible???** (Amazon.com)

Sitios Web

www.soultranslations.com

www.traduccionesdelalma.com

Información Para Contactarnos

Correo Electrónico: SoulTAlma@yahoo.com

Contenidos

No pienses en números de páginas ni nada de eso… Llegarás allí… Dondequiera que "allí" sea… En el momento más apropiado para tí… Todo en el preciso instante… ¡¡¡Siempre con mucha alegría!!!

Capítulo 1-- UN "**DÍA NORMAL**" EN MI VIDA

Capítulo 2-- "**ESE-ALGO**" SIEMPRE PRESENTE

Capítulo 3-- MI ENTRADA A "**LA TIENDA**"

Capítulo 4-- UNO DE LOS **MOMENTOS MÁS SIGNIFICATIVOS**… DE MI VIDA

Capítulo 5-- RE-VIVIR MUCHOS DE LOS "**TIEMPOS ENSOMBRECIDOS**"

Capítulo 6-- **LOS INICIOS DE** "SE ME ACABA EL TIEMPO"

Capítulo 7-- CAMBIANDO MI VIDA… **APARENTEMENTE** SIN REGRESO…

Capítulo 8-- **EL SIGNIFICADO** DE "EL TIEMPO"

Capítulo 9-- EL DÍA QUE "**DOBLÉ LA EDAD**"

Capítulo 10-- DE UNA "**FALTA DE SENTIDO TOTAL**" A ENCONTRAR "**LA RAZÓN**"

Capítulo 11-- **UNA DE LAS BENDICIONES** MÁS GRANDES **DE MI VIDA**

11:11-- **Epílogo**

Capítulo 1-- UN "DÍA NORMAL" EN MI VIDA

Hoy fui a una Tienda De Productos De Oficina... Un jueves de abril del 2016... Una Tienda De Productos De Oficina situada en un Lugar Precioso de Este Hermoso País en este Maravilloso Mundo...

Había **estado tratando** de ir a una Tienda De Productos De Oficina durante **días**... Tal vez **semanas**... Y **no podía** lograr hacerlo... Un día porque **no tenía tiempo**... **Otro** día porque estaba demasiado lejos... Al **día siguiente**, porque **no tenía** ganas... **Al otro día** porque tenía **demasiadas otras cosas que hacer**...

Y a medida que **los días**... O **las semanas**... Pasaban... Exprimiendo la tinta de mi impresora... **Pensando** "Ahora realmente **no hay manera** de que pueda imprimir esto... La impresora ha estado sin tinta **durante días**... O tal vez **semanas**" ... **Y entonces** "milagrosamente" ... En los **momentos más cruciales**... Sale tinta de la impresora de nuevo y yo **puedo** imprimir lo que sea que necesitaba imprimir... Todos estos **días**... o Tal vez **semanas**... O **meses**... **¿Quién sabe?!?!?!** ...

Pero hoy día salí de **una cita que tenía**... Y tenía **tantas cosas que hacer**... **Tantas** que incluso **pensar** en ellas por **un segundo** podría **atormentar** la **mente más cuerda** de este mundo...

Así que dije: "Voy **a correr** al supermercado y **obtener** todos los productos que necesitamos" ... Y me pareció que esa era una idea maravillosa... Por **un segundo**...

Y entonces me dije: "No, tengo **toda una hora** antes **tener que estar** en el siguiente lugar... Voy a ir a casa y adelantar algo del **trabajo** que **tengo que** hacer... O tal vez algo de los trabajos que tan **ansiosamente quiero** hacer"... Y **me pareció** la mejor idea... Por **un segundo**...

Y luego pensé: "No, **no va a ser un buen uso** de este **tiempo** porque a la hora que llegue allí casi será hora de salir... Así que mejor **hago esto**... O no, mejor **hago esto otro**... No... Esa **tampoco va a ser una buena idea**"...

Y pareciera que **muchos minutos pasaron** en todo este proceso... Pero fueron solamente **unos pocos segundos**... En **el mismo lugar** en el estacionamiento mientras estaba **sentada** en mi carro para **salir** de la cita que **había tenido**... Sólo fue cuestión de **unos segundos**...

Y las muchas veces que **me siento** así... Me da la impresión de que **estoy** en un pequeño bote "dentro del más **furioso río de aguas blancas**"... Con muchas... Muchas **rocas** que provocan que las aguas **empujen y tiren** en todas las **direcciones** imaginables... Con **tal fuerza** que uno no puede comenzar a **comprender** de dónde viene todo eso... **¿Cuál es la fuente** de una **energía** tan **infinita** y poderosa?...

Sólo yo... **Sólo yo** en medio de **tantas opciones y decisiones y cosas** que vienen **a mí**... Y **de mí**... Desde **todos los ángulos**... Desde **todas las direcciones**... Con **tal fuerza** que no puedo empezar a comprender de dónde viene todo eso... ¿Dónde está la fuente de esa **energía tan** continua y **poderosa**?...

Sólo yo... Siendo **empujada** y **halada** y **sumergida** y **revuelta** por todo eso...

Sólo yo... **Teniendo que** averiguar **qué hacer**... **Queriendo** darme cuenta con **suficiente rapidez** como para **no ser lanzada** contra las **muchas "rocas"** que provocan que las aguas de ese río... El río de la vida... Se muevan **en todas**

las direcciones posibles... Con **tal fuerza** que **uno puede empezar a comprender** dónde se origina todo eso...

Capítulo 2-- "ESE-ALGO" SIEMPRE PRESENTE

Muchas veces soy **finalmente capaz** de tomar una decisión rápidamente y seguirla...

Pero muchas otras veces esto **no me es posible** en lo absoluto... Y ahí estoy... **Paralizada**... **Observando**... **Detectando**... **Sintiendo** todo eso... "**Conmocionada**" por todo lo que viene **hacia mí** y **de mí**... Sabiendo que **necesito hacer algo**... Sabiendo que **yo quiero** ser capaz de actuar **y seguir**... Por lo menos para poder "salir **de ese lugar**" y no ser totalmente **sumergida** en las profundidades de **todo**... En las profundidades de esa agua... **En las profundidades** del río de la vida...

Y en **esas veces** que estoy ahí... **Paralizada**... **Observando**... **Detectando**... **Sintiendo**...

"**Conmocionada**" por todo lo que viene **hacia mí** y **de mí**... Casi en el mismo punto en que "ahora ya **es el final**" ... Ya no voy a poder **sobrevivir** mucho **más tiempo**... En ese momento preciso "**algo**" me **saca de allí** rápido y con fuerza y me pone **en otro lugar**... En **un instante**... **Un instante** que es mucho más corto que una **fracción de segundo**...

Así que yo estaba **en el medio** de ese estacionamiento... **Paralizada** en medio de ese **río furioso** de la vida de **tantas opciones** y **cosas** y **decisiones** que venían **a mí** y **de mí** cuando... De repente... En menos de una **décima de segundo**... "Ese-algo" me sacó "**fuera de allí**" y me puso dentro de mi auto... Con las manos en el volante... Conduciendo con gran claridad en una dirección muy específica...

Un rumbo que era **totalmente opuesto** a todos los **otros rumbos** de todas esas "tantas

opciones y **cosas** y **decisiones** que venían **a mí** y **de mí**"... A una distancia que era mucho **más larga** que cualquiera de los otros lugares a los que yo tan sólo **hacía un segundo** estaba pensando ir... Por lo tanto iba a **tomar mucho más tiempo llegar allí**...

Pero nada de eso parecía importar en absoluto en la presencia de esa calma y esa claridad dentro de mí... Era como si toda esa **turbulencia**... Todo **en medio de lo que había estado** sólo **segundos antes** no tenía **ningún sentido** en absoluto... "Ese-Algo" me llevó a "La Tienda De Productos De Oficina"...

Capítulo 3-- MI ENTRADA A "LA TIENDA"

Entré... Y mientras caminaba hacia dentro de la tienda vi a mi derecha un empleado parado detrás del mostrador... Y traté de decir hola, pero él estaba ocupado explicando algunas cosas a un cliente... Así que seguí yendo en dirección a la señal que decía "Tinta y ... algo más" ... No recuerdo...

Muchos, **muchos años** atrás me encantaba ir a las tiendas... Y de todos los tipos de tiendas hermosas en Este Bello Lugar de Este Hermoso País de este Maravilloso Mundo... "Las Tiendas De Productos De Oficina" eran mis favoritas absolutas... Estar dentro de una de ellas era lo más cercano a entrar en el Paraíso para mí...

Pero yo diría que **en los últimos seis años** ir a las tiendas se ha vuelto menos y menos atractivo... Hasta el punto que ya **no me atraen para nada**... Ni siquiera mi "tienda-Paraíso-absoluto" de épocas anteriores...

Así que entré y **pude** encontrar la señal entre las muchas señales que colgaban del techo de toda la tienda... ¡¡¡Estoy tan agradecida por todas esas señales porque hacen que "las rocas del río de la vida" dentro de la tienda sean mucho más fácil **de manejar**!!! ...

Pero **a pesar** de las señales... **Cuando hice frente** al pasillo donde tenía que ir a buscar la tinta... ¡¡¡El "río de la vida de alternativas y opciones y cosas" se puso **muy furioso otra vez** porque había tantos tipos de tinta!!! ¡¡¡**Tantos**!!! ... Y todos ellos me parecían muy similares... ¡¡¡Oh no!!! … ¡¿¡¿¡¿**Qué hago ahora**?!?!?! ...

OK... Voy a buscar el nombre de la impresora... ¡¡¡Ah!!! ¡¡¡**Tantas cajas** con la misma marca!!! ... Y miré algunas de ellas un poco más cerca... ¡¡¡Tantos **números**!!! ... ¡¡¡Y tantos **números más pequeños**!!! … ¡¡¡Oh no!!! Me demoraré **una eternidad** en **encontrar** la tinta apropiada... ¡¡¡Y **no tengo tiempo**!!! ...

Así que caminé por la tienda y encontré un empleado muy amable que tomó **todo el tiempo del mundo** para ayudarme... Y en **un segundo** él fue capaz de hacerme todas las preguntas necesarias y encontrar la marca exacta y el número exacto... A pesar de que mi impresora es **muy anticuada** y otras tiendas no tienen ni siquiera la tinta que ella lleva...

Si este empleado pudiera sólo imaginar... Aunque sea por **un segundo**... Lo agradecida que estoy de que él exista en este mundo... Especialmente de que él haya existido en mi mundo en ese **preciso momento** de mi vida... Estoy mucho más agradecida por haberlo encontrado a él que por haber encontrado todas aquellas señales colgando del techo :) ...

Y a pesar de que **no tenía tiempo**... Y quería salir corriendo de la allí para llegar a todas las otras cosas que tenía que hacer... De pronto me vi vagando sin rumbo por la tienda... Y yo no podía entender por qué... Estaba caminando como si yo estuviera buscando alguna otra cosa que necesitaba... Pero realmente no necesitaba nada más...

Ahora pienso que quizás el hecho de que me había impresionado tanto con la imagen de entrar a ese pasillo... Tratando de encontrar lo que necesitaba, en **tan poco tiempo**... Y ver todas aquellas tantas opciones y elecciones y cosas "saltar" a mí... Y entonces lo que pensé que iba a tomar mucho **más tiempo**... O tal vez no resolverse en absoluto… Fue resuelto mágicamente por este empleado tan servicial y amable… Esa combinación de cosas y ese resultado inesperado me llevaron a una especie de adormecimiento durante **unos minutos**...

Era como si mi Ser hubiera entrado de repente en algún estado de "inercia interna" en el que me era imposible irme de la tienda tan pronto como el empleado encontró tan mágicamente la tinta en menos de un **nano-segundo**…

Capítulo 4-- UNO DE LOS MOMENTOS MÁS SIGNIFICATIVOS... DE MI VIDA

Finalmente me rendí ante el hecho de que ya tenía en mis manos lo que necesitaba... Y de que no necesitaba nada más... Así que me dirigí a donde estaban las registradoras... Todavía mirando a mi alrededor como si estuviera **buscando algo**...

Y simplemente coloqué la tinta sobre el mostrador... E intercambié saludos con el cajero... El mismo que estaba hablando con el cliente cuando entré a la tienda unos momentos antes... Y él me preguntó si había podido encontrar todo lo que buscaba... Y yo le dije que si... Y entonces me preguntó: "¿Cómo ha sido tu día hoy?" ... Con una sonrisa en su rostro... Y le respondí: "¡¡¡**perfecto!!!**" ... Con una sonrisa más ancha que la de él en mi cara... Y entonces yo, rutinariamente y por cortesía le pregunté: "¿Qué tal el tuyo?" ...

Y en ese momento una sombra **repentina** vino sobre él mientras decía "Bien... Bueno..." ... Y yo como que lo interrumpí y le dije "perfecto..." ... De alguna manera tratando de levantar su espíritu... Y él dijo: "Bueno... Acabo de salir de la universidad directo para aquí... "...

Y yo sé que probablemente estaba tratando de darme a entender que estaba cansado o algo por el estilo... Pero yo... **Automáticamente** y **sin** realmente **tener tiempo** para elaborar sobre lo que estaba diciendo... Y tratando de no dejarlo que siguiera en una trayectoria negativa con esa conversación... Simplemente le pregunté "¡¿¡¿¡¿Oh... En serio?!?!?! ... ¿Qué estudias en la universidad?"...

Y dijo: "XYZ (El nombre exacto no importa... La esencia de la conversación es lo que importa)... Pero ahora estoy pensando que realmente no quiero hacer eso"... Y continuó sin detenerse... "Pero necesito enfocarme y seguir porque **ya tengo veinti-X** años y **sé que se me está acabando el tiempo**"...

Y en ese **instante** una sombra aún más grande que la anterior cubrió completamente su Ser... Y yo, literalmente, lo vi... No estoy segura cómo explicarlo... Era como si yo hubiera sido capaz de ver a su Verdadero Ser de alguna manera encogerse un poco... O extinguirse un poco... Algo muy similar a cuando uno ve una luz de una lampara volverse más tenue...

¡¡¡Sí!!! ... ¡¡¡**Eso fue**!!!... Su luz interior se tornó terriblemente tenue a medida que se sumergía más y más en la sensación de la profundidad de la negatividad de lo que estaba diciendo... Y... Aún más importante... Sintiendo...

Y en ese **instante**... De nuevo... No estoy segura exactamente cómo explicarlo... Era como que una chispa de energía salió de mí... Una chispa que tenía muchas veces más energía que toda la luz que él había "perdido" en medio de la sensación de tal impotencia y desesperanza **hacía un segundo**...

Y simplemente dije... Sin tener **tiempo** para pensar en lo que estaba diciendo "¿Qué??? ... ¿¿¿Que **se te está acabando el tiempo** a los veinti-X años de edad??? ... La semana que viene es mi cumpleaños... Y ese día cumpliré exactamente el doble de tu edad... ¿Y sabes tú cuántas veces mi vida ha cambiado totalmente de dirección??? ... ¿¿¿Ya ves?? ... La vida cambia constantemente a tu alrededor y tienes que ser capaz de cambiar con la vida" ...

Y mientras yo decía eso él me interrumpió y dijo: "Que la vida... ¿Puede repetir eso?" ... Y luego continuó repitiendolo él mismo "Que la vida cambia constantemente a tu alrededor y **tienes que ser capaz de cambiar con la vida**" ... Y luego añadió "¡¡¡Me gusta eso!!!" …

Y a medida que él estaba diciendo todo eso pude ver sus ojos brillando de nuevo... En **un instante**... Y yo sé que él estaba sintiendo algo que yo he sentido tantas veces en mi vida... En esos momentos en los que he podido ver con claridad... Aunque sea durante sólo una **fracción de segundo**... En medio de la confusión total que he estado viviendo en ese momento...

Y luego añadí "No sólo a tu alrededor, también dentro de ti... Siempre estamos en constante crecimiento y..." ...

Y en ese **momento** la conversación se desvaneció... En parte porque no podía quedarme allí **para siempre** hablando con él... Él tenía que hacer su trabajo... Pero... Lo más importante... Porque a partir de ese momento hubiera estado hablando por gusto... Como hablando al aire... No "con él" ... Comprendí en ese **instante** que él había asimilado todo lo que era capaz de asimilar de nuestra interacción...

E incluso más importante... Sentí que esa conversación de **"fracción de segundo"** había sido muy crucial para transmitirle un poco de claridad a él...

Capítulo 5-- RE-VIVIR MUCHOS DE LOS "TIEMPOS ENSOMBRECIDOS"

En ese **instante** cuando le dije todo eso a él sin tener **tiempo** de pensar en nada de lo que estaba diciendo... Fue como si toda mi vida hasta ese momento se hubiera descargado **de pronto** dentro de mí...

Y yo estaba siendo capaz de **verlo todo**...

Estaba siendo capaz de **sentirlo todo**...

Como si yo estuviera viendo y sintiendo la película de mi vida toda de una vez... En ese **infinitamente pequeño instante** en el que todas esas palabras salieron de mi boca...

Especialmente todos los momentos de mi vida en los que me había sentido tal y como se estaba sintiendo él **ahora**... ¡¡¡Tantos momentos así!!! ...

Y el intenso contraste con lo que he aprendido y sentido en los últimos **tres años** acerca de lo que es la vida... Y de lo hermoso que es todo... Incluso... Y sobre todo... Esos **momentos** en los que uno se siente como él se estaba sintiendo ahora...

¡¡¡Tantos de esos pasajes de mi vida se precipitaron a la vez en mi mente!!! ... ¡¡¡Tantos de ellos!!! ... Por ejemplo...

Cuando todavía estaba en la escuela primaria ... ***<u>Tal vez en quinto grado</u>***... No recuerdo exactamente... Pero recuerdo muy bien el nivel de presión y la "sensación de encogimiento" que sentía en el estómago cuando estaba participando en un concurso de lengua extranjera...

Y fui **más allá** de mi clase... Y **más allá** de mi grado... Al nivel de mi escuela... Y luego el concurso fue **más allá** del nivel de la escuela y llegó a nivel de la comunidad... Y a la ciudad... Y recuerdo que en cada nivel la cantidad de presión que sentía era increíblemente más alta... Y aquella sensación de "**¡Más vale que me ponga para este asunto... O aquí se acaba todo para mí!**"...

¡¿¡¿¡¿Aquí se acaba todo todo?!?!?! ... ¿¿¿A los 10 años??? ...

Y a pesar de que me gustaba mucho esa lengua extranjera... Me empecé a sentir cansada de todo eso... Y a no querer soportar tanta presión... Y a medida que el **tiempo transcurría** y el "nivel" aumentaba era como si yo no pudiera encontrarle el sentido a nada de aquello... Y llegó a un punto en que me di por vencida y empecé a hacer cosas para **no seguir** en eso... Y, básicamente, para demostrar que no era lo suficientemente buena para ese concurso...

Al _**final del sexto grado**_... Meses... Tal vez incluso años de conversaciones en mis familias cercana y extendida sobre lo que yo iba a hacer... Sobre mis calificaciones en la escuela... Sobre si debía ir a una escuela media o a la otra...

E incluso dentro del pequeño núcleo de mi familia inmediata... Tantas diferencias de opinión... ¡Tantas! ... Y yo en el medio de todo aquello... Y esta vez el nivel de presión era muchas veces más alto... Y aquella sensación de **"¡Más vale que me ponga para este asunto... O no habrá otra opción para mí!"** ... Algo así como "el fin del mundo" o algo parecido si no hacía lo que sugería esta persona... O lo que esta otra persona opinaba...

Pero... ¿Qué pensaba yo??? ... ¿Qué quería yo??? .... No recuerdo lo que quería... **Yo ni**

siquiera creo que realmente quería nada... Estaba deseando una cosa sobre la otra tal vez por comportarme de una manera rebelde e ir en contra de lo que decía mi padre :) ... O de una manera emocional y no herir los sentimientos de mi madre o no hacer algo que pudiera causar que ella se preocupara...

Pero... ¿Qué pensaba yo??? ... ¿Qué quería yo??? .... **¿Me atrevía incluso a querer algo en aquel entonces?** ... ¿¿¿Siquiera me daba cuenta de que estaba bien querer algo??? … No lo sé…

Final de la secundaria... Diecisiete años... La elección de **"la" carrera**... Una gran cantidad de presión... Igual que el ejemplo anterior... Pero más intensa debido a que el sentido de **"¡Más vale que me ponga para este asunto... O no habrá otra opción para mí!"** Es mucho más intenso cuando uno va de la secundaria a la universidad que de la escuela media a la secundaria... **¡El**

sentido de "se me acaba el tiempo" se pone mucho más intenso y serio ahora! ...

Y de nuevo... Incluso en mi familia más cercana todo el mundo tenía una opinión **diferente**... Y un miedo **diferente**... Y un "algo" **diferente** que quizás querían lograr en su vida y por alguna razón no lo hicieron... Y ahora veían "**una continuación**" de eso en mí...

Todo eso... Más mis miedos... Mi no querer hacer daño a éste... O mi querer "rebelarme" contra el otro... O impresionar a la otra... Pero de nuevo... ¿Qué es lo que realmente quería yo??? ...

Y en ese momento... Como a los **diecisiete años**... Realmente no me atrevía a querer nada... O incluso a darme cuenta y aceptar que quería algo... En parte por la misma razón que antes... Pero más aún... Porque **ya había vivido algo de vida y había tenido muchas decepciones**... Y esa sensación de que **no había sentido en nada** ya estaba muy profundamente arraigada en el centro de mi existencia...

Finalmente tomé mi decisión y fui aceptada en _una carrera_ a la que la mayoría no podía entrar... Tenía muchos requisitos... Desde el progreso académico a los diferentes tipos de pruebas, etc... Iba a tener que pasar el primer año en un tipo de programa de preparación en una ciudad lejos de casa...

Capítulo 6-- LOS INICIOS DE "SE ME ACABA EL TIEMPO"

Fue la primera vez que tuve que *irme de casa de mis padres*... **La primera vez** que tuve que dormir en otro lugar... Rodeada de gente que no conocía... **Lejos** de la comida de mi madre... **Lejos** de mi padre llevándome y trayéndome de cada lugar al que necesitaba ir... **Lejos** de las peleas con mi hermano :) ... (Aunque tengo que admitir que esas habían cesado **con anterioridad** debido a que él salió de casa primero... Y los momentos en que estábamos juntos **cada semana** no dejaban espacio para ningún tipo de fricción... Sólo Alegría :)) ...

No poder verlos cuando quería... Debido a la distancia y la imposibilidad de ir libremente de una ciudad a otra por diversos motivos (financieros, pruebas y exámenes que tenía, preparar proyectos, etc) ...

Así que **seguí avanzando**... Haciendo muy bien académicamente... Florecieron hermosas amistades con los otros estudiantes y el profesorado y el personal en la escuela... Pero a pesar de todo eso... Tenía esa Sensación Interior de que **realmente no sabía lo que estaba haciendo allí**... Todavía no Sabía cuál era el propósito de nada...

En el medio de todo ese éxito académico y todas mis hermosas amistades y toda la belleza aparente de mi vida y el amor de mi familia y amigos... **En el medio de todo eso**... Como una corriente muy **subyacente** y "socavante" ... Estaba mi falta de valorarme a mí misma... **Mi falta de amor propio**... Mi sensación de que **realmente no pertenecía** a nada de todo eso.

Y el propósito de ese año era darnos las herramientas que necesitábamos para **ir a un lugar diferente... Muy lejos**... Tan lejos que no voy a tomar el tiempo para describirlo aquí... Y yo tenía que **irme sola otra vez**... Rodeada de extraños todo el tiempo... **Otra vez**... Ahora sí que eran verdaderamente extraños en todas las formas posible...

Me fue muy bien académicamente el **primer año**... **Pero mi falta de adaptación al mundo**... A ese lugar tan diferente... Y sobre todo **a mí misma**... Todo eso me hizo tener experiencias de vida muy variadas que iban **totalmente de un extremo al otro**...

Por un lado las más bellas amistades... El hecho de que yo estaba viviendo en un ambiente totalmente diferente... Tanto amor que fluía en tantas circunstancias diferentes... Muchas personas que actuaron como Ángeles en mi vida durante todo ese tiempo... Tantos lugares totalmente hermosos y mágicos... ¡¡¡Tanta belleza!!! ...

Pero, **por otro lado**... Muchos de los comportamientos y acciones humanas de "bajo tipo" cruzaron mi camino en diferentes puntos de ese trayecto... Y, por supuesto, "eso" junto con mi falta de autoestima y mi falta de dirección y mi falta de propósito **me hizo encogerme** un poco más... Y un poco más... Y entonces mucho más... Y entonces muchísimo más...

Hasta el punto de que el **segundo año** no lo hice "tan bien" ... Lo "pasé" de alguna manera... Pero **yo no quería estar allí** en lo absoluto...

Así que *regresé a casa* después de dos años de estar en un lugar totalmente diferente... Y ahora **realmente sentía que no pertenecía ya al único lugar donde todavía hubiera podido**

pertenecer... No podía quedarme en casa tampoco...

Decidí <u>*comenzar una nueva carrera desde cero*</u>, a pesar de que podía haber utilizado muchos de los créditos y al menos ahorrar algo de **tiempo**...

Pero... No... **Me sentía tan incómoda**... Tan fuera de lugar... Tan inadecuada... Yo sólo quería **hacer lo que fuera para ver si podía mantenerme a flote** y que algún tipo de milagro sucediera que me hiciera encontrar algún significado en algún lugar... En cualquier lugar...

Sólo me estaba aferrando a algo para ver si podía **sobrevivir de alguna manera** y evitar caer en el fondo de todo eso que estaba viviendo dentro de mí...

Así que empecé desde cero... En la misma ciudad donde hice el curso preparatorio del que hablé antes... Muy lejos de casa... En una clase donde el resto de los estudiantes eran **tres años más jóvenes** que yo... Yo estaba tan "apagada" ... Totalmente bloqueada...

Finalmente *<u>terminé esa carrera</u>*... **Malamente**... Cuando tenía ya **veintiséis años**... Y digo "malamente" porque no le encontraba mucho sentido a eso tampoco... Yo amaba profundamente, y todavía amo, el tema de la carrera... Pero no le encontraba el sentido a nada...

Ahora sé que el hecho de que no encontraba ningún sentido *en mí* todos esos años de mi vida era la razón por la que no podía encontrarle el sentido a nada en absoluto... Independientemente de lo maravilloso que pueda haber sido...

Yo terminé esa carrera porque hubiera sido "**una vergüenza**" que no lo hiciera, por muchas razones... Pero nunca trabajé en ese campo porque estaba desesperada por **cambiar mi vida** y comenzar a trabajar me hubiera impedido hacerlo...

En el ínterin, mientras que yo estaba pasando por todo eso, me encontré con <u>***un hermoso Oasis en mi vida***</u>... Y empecé a asistir allí totalmente porque YO quería... Lo hice **durante tres años**... Tenía que pasar por un montón de sacrificios físicos para hacerlo... Nunca me perdí una clase... ¡¡¡Era una experiencia que **me llenaba tanto de vida!!!** ...

Y en esos **tres años** me hice totalmente fluida en francés... **Totalmente** fluida... Y yo estaba tan impresionada al ver mi progreso... Y todos a mi alrededor estaba tan **impresionados**... Fue como llegar a un nivel de fluidez nativo sin haber estado nunca en ningún país donde se hable francés...

¡¡¡Y aprendí tanto!!! ... Y parecía ser un proceso tan "sin esfuerzo" para mí... A pesar de el nivel de sacrificio... De tener que tomar varios autobuses para ir y venir... De estar **todo el día** en mi carrera "oficial" .... Y mi cerebro estar agotado... Y pasar **muchas horas** en la carretera... Etc... A pesar de todo eso... Parecía... Y todavía parece... **Una de las cosas más "sin esfuerzo" que he hecho en toda mi vida**...

Y ahora que lo pienso... Veintitrés años después de haber vivido esa experiencia hermosa y mágica... Después de vivir todo lo que me ha pasado durante estos últimos tres años de mi vida... Después de mirarlo todo desde la claridad que estos últimos tres años me han dado... **Yo sé que esa experiencia fue tan increíble para mí porque era la primera vez que yo estaba haciendo algo que realmente quería hacer**... Y era algo que **no tenía que hacer** en absoluto... No había **ningún tipo de obligación** ni de presión **atada a eso**... Sólo mi Amor...

Probablemente fue la primera vez, **en todos los años de mi vida** hasta ese momento, que me di cuenta que **realmente** quería algo... Sin duda fue Mi Oasis durante todos los **años** hasta ese momento, y durante **muchos años** después de eso... Me sentía como si estuviera **caminando en las nubes**... Como si recibiera una hermosa inyección de **oxígeno** cada vez que estaba haciendo algo relacionado con eso... ¡¡¡Me sentía tan **llena de vida** en los momentos que pasé allí!!!

Incluso **ahora**... Veintitrés años después de haber vivido esa experiencia hermosa y mágica... Solamente pensar en todo aquello me hace sentir totalmente llena de oxígeno y llena de vida... Como si **el tiempo no hubiera pasado** para nada...

∞ ∞ ∞

<u>Capítulo 7</u>-- CAMBIAR MI VIDA... APARENTEMENTE SIN REGRESO...

Así que <u>***cambié mi vida***</u> de la manera que quería... Y siempre me sentiré muy bendecida por eso... Fue un cambio muy drástico... Un cambio de esos "para siempre" ...

Y eso significaba tener que irme muy lejos de mi familia de nuevo... **Lejos de esas personas que amo tanto... A un mundo totalmente extraño**... Diferente a todo lo que había vivido antes... **Otra vez**... Rodeada de extraños... **Otra vez**...

Y hacer algo así en ese estado de total **falta de claridad** y falta de **propósito** y de **dirección** y de **autoestima**, etc es realmente **muy confuso**...

O... Ahora que lo pienso... **¿Será que tal vez éste es el único estado en el cual uno es capaz de hacer algo así???**

En definitiva... Vine a este nuevo lugar a cambiar completamente mi vida... Empecé a trabajar en **diferentes cosas**... Además de aprender el idioma, etc... Y traté de encontrar puestos de trabajo en los que pudiera usar mi título... O cualquiera de las otras cosas para las que había obtenido certificados durante los años anteriores de mi existencia... Pero eso no funcionó...

Mi vida empezó a ir más y más por *el camino de la educación*.... Y tuve que tomar muchos exámenes en diferentes asignaturas y de certificación... Y a pesar de que todos esos exámenes eran en un lenguaje totalmente nuevo para mí, los pasé todos desde el primer intento... Y más exámenes... Y más pruebas...

Y pensaba "**mejor me pongo para las cosas y sigo en este camino porque yo ya tengo treinta años** y soy el sustento económico de mi familia"...

Y de alguna manera disfrutaba **los desafíos** de todo ese proceso y el **tipo de trabajo**... En medio de la **falta de autoestima**, etc., en la que yo había vivido durante toda mi vida...

Y fui capaz de **continuar y continuar**... Hice mi maestría y **continué y continué**... Luego pasé a mi certificación nacional y **continué y continué**... Y empecé mi doctorado y **continué y continué**... Hice todos los cursos excepto dos clases y la disertación...

Y algo muy **inesperado** y muy **milagroso** ocurrió en mi vida a los **casi treinta y siete años**... Y todo ese "continué y continué " de repente **se detuvo**...

Y _**cambié las condiciones**_ de mi trabajo... **Tratando** de continuar... Yo sabía que era bastante tarde en mi vida y no tenía tiempo para empezar desde cero de nuevo... **¡¡¡No tenía tiempo!!!** ...

Pero eventualmente llegué a un punto en el que **nada tenía sentido**...

Llegué a un punto en el que yo estaba en el fondo del fondo del círculo vicioso de mi vida… Ese ciclo de simplemente **hacer lo que se "suponía"** que hiciera... O de hacer **lo que tenía que hacer** según las **expectativas** de los demás... O por el **miedo** al impacto económico en mi familia si yo no seguía soportando la situación... O... O...

Esperé hasta que mi padre y mi hermano estuvieran lejos durante un par de semanas... De modo que no podían hablar conmigo por teléfono ni nada parecido :) ... Y no le dije nada a nadie... Y simplemente **renuncié**... Lo **abandoné todo**... **Confiando** en que de alguna manera todo estaría bien e íbamos a poder sobrevivir... Con un niño pequeño que necesitaba un cuidado especial... Más allá de la atención que otros niños requerirían...

Simplemente lo **paré todo**... **No podía** continuar... Tenía 42 años en ese momento... Pasé de una "aparente estabilidad" a "La Nada" ... Confiadamente... En un tipo de estado adormecido como ningún otro en mi vida...

Y unos seis meses más tarde... Todo lo que describo en el libro "*Energías En Mi Cuerpo... Las Bendiciones Más Grandes De Mi Vida!!!*" comenzó a ocurrir en mí...

Y el "desbaratarse partes de mi vida" que había comenzado durante esos seis meses antes se transformó en un "total desbaratarse" de todo... Absolutamente todo en mi vida "se vino abajo" ...

De adentro hacia afuera... De afuera hacia adentro... A mi alrededor y en el interior de mí... **¡¡¡Y daba mucho miedo!!!** ...

Pero era como si yo no estuviera ya más dentro de mí y no tuviera otra opción que pasar por todo eso... Fue algo así como que **"O continúo con esto, o mi existencia en este mundo se termina"** ...

Capítulo 8-- EL SIGNIFICADO DE "EL TIEMPO"

He aprendido algo muy profundo e importante al "volver atrás" a todo lo que he vivido a través de todas las experiencias de mi vida... Especialmente a todo lo que ha ocurrido "a mí y en mí" en los últimos tres años... Y "más especial aún" a todo lo que se descargó en mí en el instante de esa conversación milagrosa con Ese Empleado de La Tienda De Productos De Oficina... Mi Tipo De Tienda Favorita En Una Época Anterior De Mi Vida :)

El tiempo es una Bendición...

Él nos nos ayuda a **enfocarnos** y **re-enfocarnos**... Una vez... Y otra vez... Y otra vez más...

Él nos ayuda a **cambiar de dirección**... Una vez... Y otra vez... Y otra vez más...

Él nos ayuda a **saber lo que queremos**... Una vez... Y otra vez... Y otra vez más...

Él nos ayuda incluso a **darnos cuenta de que queremos "algo"** ... Y que preferimos algunas cosas sobre las demás... Incluso cuando tal vez el "mundo entero" nos diga lo contrario... Una y otra vez... Y otra vez más...

Y eso es **Algo Hermoso**... Eso es... Precisamente... Lo que **nos hace darnos cuenta... Sentir... Y Saber... Que estamos...** ¡¡¡VIVOS!!!!!! ...

El tiempo es una de las condiciones de "Este Mundo" ... Al igual que hay aire... Hay agua... Tierra... Montañas... Llanuras... Océanos... Ríos... Lagos... Plantas... Animales... Minerales...

Cuevas... De la misma manera que hay todo eso en este mundo... Hay tiempo...

Pero **la forma en que está nuestro interior** en cada momento... Nuestras emociones... Nuestro nivel de estrés... Nuestra actitud... Todo eso **determina la forma en que "el tiempo" se comportará en nuestras vidas**...

El tiempo es definitivamente diferente **de una persona a otra**... Y es definitivamente diferente para la misma persona **de un momento a otro**... Todo gira en función del "estado interno" de la persona...

Muchas veces, cuando estamos en es "estado estresado" ... Cuando nos apresuramos demasiado... Tratando de llegar a este lugar o al otro... Tratando de hacer esto y aquello y lo otro... Tratando de controlar todo lo que escapa a nuestro control y a nuestra comprensión… O tal vez en todos esos momentos en los que encontramos faltas en todo y en todos... Cuando estamos **en cualquiera de esos estados internos negativos**... Todo se va totalmente fuera de sintonía... Todo se va más y más fuera de control...

Recuerdo una vez cuando éramos pequeños... Tal vez alrededor de diez años de edad o algo así... Estábamos sentados a la mesa de comedor y nuestro padre nos servía el almuerzo... Sólo estábamos nosotros tres sentados a la mesa...

Puedo fácilmente imaginar que estábamos de alguna manera **llegando al último nervio** de nuestro padre, que estaba cada vez más y más enojado... No puedo recordar exactamente por qué... Tal vez alguna de esas cosas diarias y molestas que los niños hacen y que logran poner a los padres en un **estado** parecido al **de** una "olla de presión" :) ... Y la presión se acumula más... Y luego un poco más... Y entonces aún más hasta que todo se torna totalmente fuera de control...

He vivido la experiencia de todo eso recientemente "**desde el otro lado**" ya que ahora tengo un niño y se necesita una gran cantidad de auto-compostura y amor propio para ser capaz de permanecer en un estado interior calmado a veces :) ...

Pero de todos modos... No puedo recordar qué más había para el almuerzo... De esto hace mucho tiempo... Pero recuerdo claramente un plato lleno de huevos cocidos en el centro de la mesa... Y realmente no recuerdo si eran tantos... Pero cada vez "que esa imagen de mi vida" viene a mi mente, veo **una gran montaña de huevos hervidos** en el plato ... :)

Y nuestro padre cada vez más molesto y más molesto por algo que estábamos haciendo o diciendo... Y más.... Y más... Y estaba poniendo esos huevos hervidos en nuestros platos en ese **estado "molesto-casi-al-punto-de-explotar"**...

Y el simple hecho de servir y comer huevos hervidos se convirtió en una **situación caótica**... Y aquellos huevos comenzaron literalmente a volar por todas partes... Y mientras más mi padre trataba de controlar la situación y agarrarlos… **Mayor y más incontrolable** era el desastre... Y yo me sentí muy mal... ¡¡¡Pero al mismo tiempo todo aquello era tan simpático!!! ....

Y cada vez que "la película" de esa parte de mi vida viene a mi mente... Y cada vez que veo esos huevos voladores y la expresión de la cara y la actitud de nuestro padre... Y nuestro disgusto... Cada vez que recuerdo a nuestro padre tratando de agarrar los huevos hervidos **con tal fuerza**... Me doy cuenta de algo muy profundo...

Me doy cuenta de la importancia de **relajarse** un poco ante la vida... Y de dejar que la vida **fluya** a través de nosotros... En vez de tratar de controlar rígidamente cada detalle...

En esa imagen de aquella montaña de huevos de pronto fuera de control por todas partes... Y mi padre tratando infructuosamente de agarrarlos y controlarlos... Los **huevos hervidos** para mi simbolizan todos **los detalles y las especificidades** de nuestra vida... Y en **mi padre** me veo representada a **mi misma**... Y a **cualquiera de nosotros**... En esos momentos en los que tratamos **desesperada y ciegamente** de controlar cada detalle...

Y en medio de esa tensión y esa "rigidez" ... **¡¡Nos perdemos tantas cosas!!!** ... Nos perdemos las **"cosas buenas"** ... Nos perdemos la **magia**... Las **Bendiciones**... Los hermosos **"pequeños momentos"**... Los **"arco iris"** de nuestras vidas...

Y en este proceso podemos terminar tanto en una niebla total... O en aguas turbulentas... O en medio de un arco iris... O en cualquier lugar intermedio...

Pero en el tedioso proceso de perdernos tantas cosas... De perdernos todos los "pequeños" Preciosos Momentos De Nuestra Vida... Lo más probable es que terminemos en la **niebla total**... O en **aguas Turbulentas**...

Y lo que, en mi opinión, la mayoría de la gente percibe como **"la peor"** de las posibilidades mencionadas... Puede ser... Puede realmente ser... Lo que lleva dentro de sí **la satisfacción más instantánea y súbita**... Porque hace que los momentos de claridad más mínimos e "insignificantes" se conviertan en la cosa más placentera del mundo... El arco iris más placentero que podemos ver en nuestra vida...

Por lo general es en los momentos de nieblas más densas... O en las aguas más turbulentas... Que **incluso el arco iris más pálido e "incompleto" produce el impacto más profundo en nosotros**...

Capítulo 9-- EL DÍA QUE "DOBLÉ LA EDAD"

Hoy es el día en que yo exactamente **"doblo la edad"** de Ese Empleado de La Tienda De Productos De Oficina...

He estado muy **dispersa** durante todo el día... Había **tantas cosas** que tenía que hacer... O... Hay... Porque todavía tengo que hacerlas... Nadie las hará por mí :) ...

Pero, como iba diciendo... Había tantas de las cosas que tenía que hacer que incluí en mi lista de hoy... Incluí esas cosas porque además del hecho de que tengo que hacerlas... También **disfruto hacerlas**...

Así que me desperté a las **2:45 de la mañana**... Tratando de trabajar en el ordenador...

Y la Internet no estaba actuando correctamente....
Se **iba y venía**... En lo que noté más tarde que eran
intervalos de unos **treinta minutos**... Pero no me
di cuenta de ese patrón hasta que pasé más de
cinco horas tratando de hacer todo el trabajo que
se me había acumulado...

Cada vez que la señal de Internet se iba, yo
usaba **el tiempo** para ir adelantando algunas de las
cosas más pequeñas que tenía que hacer...
Imprimir algunos papeles… Preparar una clase...
Diseñar un collage para la semana de los maestros
en la escuela de mi hijo... Y muchas otras cosas
que se habían acumulado...

Estaba decidida a no dejar que nada me
hiciera sentir estresada o fuera de balance... Esa es
mayormente la forma en que he estado viviendo mi
vida desde **hace tres años,** cuando todos esos
procesos comenzaron a ocurrir dentro de mi... Pero
sobre todo, no iba a dejar que esto me sucediera en

un día tan **importante y significativo** para mi... El día que **"doblo la edad"** de El Empleado que conocí en La Tienda De Productos De Oficina...

El resultado fue que en todo **ese tiempo** de algo más de **cinco horas** sólo pude hacer **1.5 horas** de trabajo real... Pero en ese tiempo también pude hacer todas esas "pequeñas cosas" que ya estaban llegando a convertirse en una montaña... Así que terminó siendo un bastante buen uso de **mi tiempo**... Aunque tengo que admitir que el hecho de que se me continúe acumulando el trabajo provoca un poco de estrés en mí...

Estaba **tan "dispersa"** ... Me tomaba **una eternidad** poder resolver las cosas más simples… No lograba decidirme si debía vestirme ya de una vez para una clase que tenía un poco más tarde… O si era mejor ir a algunos lugares que tenía que ir... Y luego seguir para la clase... O si debía simplemente volver más tarde a mi casa y vestirme...

Terminó siendo que en el momento en que finalmente fui capaz de salir de casa mis opciones eran mucho más limitadas porque ya era muy tarde y **apenas tenía tiempo** para las cosas que absolutamente tenía que hacer antes de la hora de la clase...

Llegué a clase... Y fue tan agradable ver toda la gente allí... Ellos no lo saben, ¡¡¡pero **son una inspiración tan grande para mí!!!** ... Fue un momento muy bello... Lleno de comentarios y conversaciones muy inspiradoras...

Y **nadie sabía** que era el día en que "doblaba la edad" de Ese Empleado de La Tienda De Productos De Oficina...

¿Y ves? … Desde **los últimos tres años**… O tal vez un poco antes de eso… En ese día tan especial no hago nada que yo no quiera verdaderamente hacer con todo mi entusiasmo y **todo mi Amor**… Y… Sucede que estar en esa clase es una de las cosas que más profundamente y de todo corazón quiero hacer en este momento de mi vida …

Hice un montón de preparaciones internas especiales para mí para ese momento… Fue un momento muy especial de comunicación **de Alma a Alma**… Esa es la forma en que lo veo y lo Siento… Y yo estaba disfrutando **"mi día"** … Sabiendo que ninguno de ellos sabía nada… Así que todo estaba **fluyendo libremente y de forma natural**… La forma exacta en que me gusta que sean las cosas en mi vida…

Luego volví a la casa de mi madre… Sólo para recoger lo que había dejado allí… Y empezamos a hablar acerca de cómo todos estaban tan contentos y con tantas ganas de estar allí... ¡¡¡Y cuánto me encanta que asi sea!!! ... ¡¡¡Y cómo mi madre ha estado disfrutando el proceso también!!! ...

¡Y ya yo **tenía tan poco tiempo**! ... Apenas **cuarenta y cinco minutos** para ir a una tienda... Muy lejos de donde estábamos teniendo esa conversación… Y mucho más lejos de el próximo lugar al que absolutamente tenía que ir...

Y definitivamente tenía que ir a esa tienda porque es allí donde envié a imprimir esos collages... Y ya los debía entregar **hoy**... Pero supongo que **mañana** no va a hacer una gran diferencia... Pero **más allá de mañana** sería totalmente inútil, porque **el momento** habrá pasado ya...

Y en medio de todo eso… Y en medio de el estado disperso en que había permanecido todo el día… Mi mamá me dice "quería preparar el almuerzo para nosotros, pero me va a tomar por lo menos **treinta minutos** y te estás quedando **sin tiempo**" …

Y… Porque sé que ella quería hacer algo especial para mí por ser el día en que exactamente "doblo la edad" de El Empleado de La Tienda De Productos De Oficina… Y yo quería ser amable con ella también, porque he llegado a la comprensión profunda de que ese día tan especial para nosotros es **igualmente especial para la madre**… Básicamente… En mi más profundo entendimiento… **La madre y el niño/a nacen los dos ese día**… Es un proceso tan milagroso que todavía apenas comienzo a entender… Simplemente me deja asombrada cada vez que pienso (sólo un poco) sobre ello…

Y debido a lo dispersa que estaba de todos modos... En realidad **no sentía un fuerte impulso hacia nada específico**... Estaba solamente como **flotando entre todo aquello**... Bueno... En este caso no se sentía como un río... Así que debo decir con mas exactitud que estaba tranquilamente flotando **en un estanque de opciones y cosas sutiles y preciosas**... Tratando de percibir una brisa o una corriente un poquito más fuerte que me hiciera mover una dirección poco más específica **hacia "algo"** ...

Y sobre todo porque no me pierdo de ninguna de las deliciosas comidas de mamá a menos que ocurra algo totalmente fuera de mi control...

Así que le dije... No te preocupes madre... **Debo tener tiempo**... Voy a esperar...

Luego, después de el absolutamente delicioso almuerzo y nuestra conversación, ella dijo que "quería hacer un poco de café para nosotras... pero me va a llevar **un poco más de tiempo**" ... Y le dije... Oh... No te preocupes... Voy a esperar... **voy a tener tiempo**...

Y sabía desde el principio que **no iba a tener tiempo**... Salí de la casa de mi madre casi en el momento en que tenía que estar ya en el siguiente lugar... Y a medida que conducía, los cielos se estaban volviendo **más oscuros y más oscuros**... El cielo había estado muy oscuro desde que desperté esa mañana... Totalmente diferente al cumpleaños de mi último año, por cierto...

Y cuando todavía estaba muy cerca de la casa de mi madre... Una **lluvia muy fuerte**... Y cuanto más miraba en la dirección que tenía que ir... Veía los cielos más y más oscuros... En todas partes... Sin esperanzas de que cualquier pequeño rayo de sol entrara por algún lado…

Y "decidí" ... A pesar de el hecho de que **el tiempo se me acababa** totalmente y la lluvia era **furiosamente fuerte**... Y que probablemente no iba a poder sacar nada de la tienda para el carro porque se empaparia totalmente... Especialmente los collages que había ordenado... **Decidí seguir** adelante de todos modos...

Realmente parecía que yo **no estaba decidiendo** absolutamente nada... Se sentía... Muy claramente... Que **"me llevaban"** allí... Exactamente igual que lo que me pasó ese día que "me llevaron" a La Tienda De Suministros De Oficina para tener esa "conversación de fracción de segundo" con Ese Empleado...

Sé que muchas otras veces mi impulso **hubiera sido** ni siquiera ir en esa dirección en el momento en que salí de la casa de mi madre...

Mi primer impulso **hubiera sido** ir al siguiente lugar al que tenía que ir, ya que **se me había acabado el tiempo**... Y después ver la manera de ir a buscar a los collages y entregarlos dentro de algún **marco de tiempo** en el que aún pudieran hacer algo significativo con ellos...

Capítulo 10-- DE "FALTA DE SENTIDO TOTAL" A ENCONTRAR "LA RAZÓN"

Pero no... No esta vez... Mientras conducía en la dirección de aquella **oscuridad total**... En el sentido de una oscuridad total, que era mucho más oscura que la que había en la dirección opuesta, hacia donde se suponía que ya yo estuviera yendo en ese momento...

Mientras conducía **me sorprendía más y más** de verme a mi misma haciendo todo aquello... Era como si estuviera fuera de mi cuerpo y estaba "con la boca abierta" al verme ir en la dirección de esa total oscuridad, sabiendo que **no iba a tener tiempo** para hacer nada allí porque en ese momento se suponía que debía estar en el siguiente lugar ya...

Era como si estuviera viendo una de esas películas de **"absurdos"** en las que la persona hace exactamente lo contrario a lo que el sentido común... O la lógica... O como lo llamen... Indicaría que es lo que se debe hacer...

Y mientras **más caótico** se volvía todo a mi alrededor... **Más persistía** yo en seguir en esa dirección tan **absurda** debido a la **falta de tiempo y al empeoramiento del cielo**... **No se veia nad**a para manejar... Las calles se estaban **empezando a inundar**…

Y cuando por fin llegué al estacionamiento de la tienda... Tuve **la reacción más "absurda" y "asombrosa"** ... (Sí... Lo sé... Parece como que los "absurdos" y las "reacciones asombrosas" no tuvieran fin)...

Aquel inmenso parqueo estaba **totalmente inundado**... **Llovía muy fuerte**... No recuerdo haber visto lluvias tan fuertes en mucho tiempo... Y los **vientos casi arrasadores**... Parecía que estábamos en medio de **un huracán**... Pero **no era la temporada** aún...

Y en lugar de simplemente girar en redondo y seguir para el próximo lugar que tenía que ir... Y al que **apenas me daba tiempo** para llegar... Sabiendo que no era posible ni siquiera salir de mi coche en medio de aquella inundación y aquellas fuertes lluvias y aquel viento... Sabiendo que aún si estuviera lo suficientemente loca como para salir del carro en esas condiciones, **no tendría tiempo** de hacer nada en la tienda... Y la peor parte... Los collages se mojarían todos y se echarían a perder bajo la fuerte lluvia y el viento...

¿¿¿**Qué sentido tenía todo aquello???** ... ¿¿¿Qué estaba haciendo yo allí??? ... ¿¿¿Había perdido la razón??? ...

Ya en ese punto… **En medio de todos esos absurdos**… Ya yo estaba convencida de que me estaba ocurriendo algo similar al día que "había ido" a La Tienda De Productos De Oficina… Algo que me había ocurrido (conscientemente) en tantos otros momentos de mi vida… Especialmente en los últimos tres años…

"Ese-Algo" me estaba llevando allí por algún motivo… Y muchas veces es difícil darse cuenta de esas señales… Pero en **situacines tan absurda**s… Con **reacciones mías tan diferentes** a lo que normalmente hubiera hecho en una situación similar… Ya me está siendo mas fácil cada vez **darme cuenta**… Ya muchas veces no tengo que esperar a que todo pase y después "echar atras el cassette" para percatarme…

Así que sentía que "estaba siendo llevada" allí… Pero aún en los momentos en que me logro precatar de eso... **El motivo** es el que siempre se mantiene como **una incógnita** hasta después...

Finalmente me vi poniendo mis pies en la puerta de la tienda... Y haciendo un giro a la derecha tan pronto como entré allí... Y así... Instantáneamente... Estaba justo en el mostrador del Centro De Fotos... No había más clientes... **Sólo un empleado** de pie detrás del mostrador... Y yo...

Yo había estado yendo a esa tienda específica durante aproximadamente **los últimos veinte años**... Y me sorprendí mucho al ver quién era el empleado... Era alguien que nunca había trabajado en ese departamento... Era alguien que yo había visto muchas veces trabajando en el departamento de neumáticos todas las veces que había estado yendo allí a dar servicio a mi coche durante todos esos **veinte años**...

Y en el momento que lo vi dije hola y luego rápidamente le pregunté "¿Y qué haces aquí? ... ¿Tienes que trabajar en este departamento ahora?" ...

Y él me miro con una **mirada de sorpresa repentina**... Y yo no podía entender por qué él actuaba sorprendido al escuchar mi pregunta… Para mí era una pregunta rutinaria y "por decir algo" …

Y luego dijo: "¿Me recuerdas? ... **¡¡¡Eso es una locura!!!**" ... Y le respondí " Sí, voy allí todo el tiempo y te veo allí casi siempre que voy... He estado viniendo a esta tienda durante **los últimos veinte años**" ...

Y luego continuó haciéndome preguntas sobre la orden que yo estaba recogiendo, etc... Y dentro de las pausas en la conversación sobre la orden **comenzó otra conversación corta y rápida**....

Y él dijo... Eso es una locura porque no he estado en esta tienda durante los últimos **cuatro años y medio**... Fui a XYZ (el lugar no importa... lo que importa es la esencia de la conversación) y ahora regresé y no tenían ningún espacio en el Departamento de neumáticos, así que me pusieron aquí"...

Y continuamos con la otra conversación sobre la orden... Y él me estaba ayudando mucho con todos los detalles técnicos y luego añadió... "Y el hecho de que usted se acuerde de mi con esa naturalidad, **como si me hubiera visto ayer allí**, es una locura"...

Y dije "Si... Todo es sin duda **muy extraño**... Yo juraría que te he estado viendo allí **todo este tiempo**... Estoy **tan sorprendida** de que me estés diciendo lo contrario... Es como si nada de **ese tiempo** que tú mencionas hubiera transcurrido en absoluto... No tengo ese tipo de salto en mi mente de no haberte visto allí"...

Y estábamos terminando los detalles de mi pedido... Pagué y le di las gracias y todo eso y luego añadí: "¿Ves? ... Lo que lo hace **aún más extraño** es que en **la última semana** he estado inmersa en muchas reflexiones profundas sobre **el tiempo**... Y me he estado dando cuenta de que el tiempo realmente **no es de la manera en que entendemos** que es... Que está sujeto a la percepción de cada cual y todo eso... Y ahora **"La Vida"** me hace vivir este ejemplo tan claro y tan real... ¡¡¡Esto es realmente algo alucinante y hermoso!!! ... No tienes ni idea del **significado** que este breve encuentro ha tenido para mí... Y yo estoy profundamente **agradecida** de que hayas tomado **el tiempo** para continuar la conversación con esos detalles de tu vida de la manera que lo hiciste"...

Y yo he vuelto a esa tienda **muchas veces después de eso**... Tanto al Centro de Neumáticos como al Centro de Fotografía... Para revisar y rotar los neumáticos... Y para trabajar en otro collage... **Casualmente**... Fue el collage para la portada de este libro... Y ahora que lo pienso... No he visto a este empleado en ninguno de los departamentos... O en ningun otro departamento de esta tienda **nunca más**...

¿Será que **yo "fui llevada"** ese día... En estas **circunstancias tan "extrañas y absurdas"**... Sólo para tener ese encuentro profundamente reafirmador con él??? ...

¿Será que **él "fue puesto"** allí ese día... En estas **circunstancias tan extrañas**... Sólo para actuar como otro Ángel Humano... Uno de los muchos Ángeles Humanos **"fugaces"** en mi vida… Como una especie de "estrella fugaz" … Sólo para proporcionar una evidencia clara y viva que reafirmara todo sobre lo que había estado reflexionando desde que conocí al Empleado de La Tienda De Productos De Oficina… Pero desde un ángulo diferente? …

No sé tú… Pero **no hay la más mínima duda** ni siquiera **en** el lugar más recóndito de **Todo Mi Ser**…

Capítulo 11-- UNA DE LAS BENDICIONES MÁS GRANDES DE MI VIDA

Después de **todos estos días**... Y después de **todo este tiempo** de estas conversaciones que **vienen de nuevo** a mí y **se expanden** dentro de mí... Especialmente la que tuve con El Empleado de La Tienda De Productos De Oficina... Y después de **pensar y sentir** todo lo que he **Sentido y pensado** al respecto todos estos dias... Después de todo esto me doy cuenta de que **no era** de la forma en que lo entendí la primera vez...

No es que este joven estuviera atrapado por esa negatividad... Y esa culpa... Y esa vergüenza... Y ese miedo... Sí... Ese miedo que conozco tan bien... Ese miedo que con el tiempo hace que te apagues un poco más... Y un poco más... Hasta que poco a poco te quedas totalmente adormecido... Y eventualmente ni siquiera te das cuenta cuan adormecido estás... Y hasta qué punto has perdido la capacidad de sentir... Sobre todo de sentirte a ti mismo...

No es que de repente mi presencia allí... Y nuestra conversación... Le haya ayudado tanto a él... Probablemente para él no significó nada y todo fue mi percepción... Lo más probable es que para él sólo haya sido una conversación de rutina con un cliente...

Ahora **lo veo todo con claridad**... **No fue** que con esa "conversación de fracción de segundo" yo haya sido capaz de llevar una chispa **de su alma a sus ojos**... No... **No fue eso** en absoluto! ... **¡¡¡Fue todo lo contrario!!!** ...

Yo **tuve que ir** toda esa distancia a La Tienda De Productos De Oficina... En dirección opuesta a todas las otras opciones que tenía y al próximo lugar que tenía que ir... **Tuve que ir** toda esa distancia... Más lejos que todas las otras opciones y lugares a los que estaba considerando ir unos minutos antes...

Tuve que ir allí... **Tuve que vagar** sin rumbo por la tienda... **Tuve que sentirme** abrumada por todas las opciones de tintas de impresora que habia allí... **Tuve que hacer** todo eso y después ir a buscar al empleado que me ayudó en el momento perfecto...

Tuve que pasar por todo eso... En los momentos precisos... En la secuencia precisa... **Para que pudiera mirar <u>en</u> los ojos de un Ángel Humano**... Otro de los muchos Ángeles Humanos que han cruzado... O ... Mejor aún... Los muchos Ángeles Humanos que **están constantemente** ahí **esperando** para actuar en mi vida... Y sobre todo...

Esperando **para que yo me percate** de su presencia...

Tuve que ir toda esa distancia a La Tienda De Productos De Oficina para que pudiera recibir ese **poderoso mensaje** que me hizo volver a visitar... En esa **fracción de segu**ndo... Todas las innumerables etapas de mi vida en las que me sentí exactamente igual a como se estaba sintiendo él en ese momento... Para adquirir un **entendimiento aún más claro** del significado tan profundo que todo ha tenido para mí...

Y Saber... Verdaderamente Saber... Que <u>**no se me estaba acabando el tiempo en ninguna de esas etapas de mi vida**</u>... Que todo sucedió de la manera que sucedió por una razón significativa y hermosa... Que <u>**"se me acaba el tiempo" no existe**</u>... No es siquiera posible...

La única cosa que realmente existe es "t<u>**odo me ocurre en el momento perfecto**</u>" ... Todas las experiencias que vivimos... Tan "fuera de tiempo" como puedan parecer... Pasan por una razón ... Para ayudarnos a aprender algo que teníamos que aprender... Para ayudarnos a llegar a una etapa diferente a la cual necesitábamos llegar... Las posibilidades y las razones son infinitas...

Pero ahora **sé**... Después de **los últimos tres años** que **han pasado**... Con todas estas experiencias profundamente bellas por las que **he pasado**... O que han pasado **por mi**... O... Más precisamente... Que han ocurrido **dentro de mí**... Que el motivo más importante… El motivo verdadero por el cual experimentamos todo esto es **para aprender... Para Vivir... Para darnos cuenta... Para Saber... Para convertirnos en** "**uno**" **con**... **El Amor**... Y más precisamente... **Con el Amor Propio**...

Todo es... Simplemente... Una bendición... Pero muchas veces **tardamos mucho tiempo...** Incluso años... Para **darnos cuenta** de la magnitud de todo... Y **la perfección que todos los "se me acaba el tiempo" de nuestra vida** tuvieron...

Si pudiera encontrarme con Ese Empleado de La Tienda De Productos De Oficina de nuevo le diría... **Hoy**... Cuando exactamente "he doblado" la edad a la que tu decías que "se te acaba el tiempo" te aseguro que **mi vida acaba de empezar**... Físicamente... Emocionalmente... Espiritualmente... Profesionalmente...

Yo realmente y sinceramente y profundamente siento que mi vida acaba de empezar... **La vida comienza cada día...** Todos los días... Y está **infinita y eternamente llena** de Bendiciones y Milagros... Sólo tenemos que abrirnos a ELLA... A la vida... Al Amor... Al

Amor-A-Nosotros-Mismos-Incondicional-Infinito-Eterno...

<u>El tiempo es relativo... Está dentro de ti... Mira Dentro de ti!!! Ahí lo encontrarás :)</u>

11:11-- Epílogo

www.ingramcontent.com/pod-product-compliance
Lightning Source LLC
Chambersburg PA
CBHW020018050426
42450CB00005B/536